Слово Бога для Меня

14 ключевых стихов для детей о Слове Божьем.

Бог радуется, когда я послушен Его Слову и провожу время с Ним в молитве.

«Блаженны хранящие Его заповеди ищущие Его всем сердцем.»
(стих 2)

Я с удовольствием читаю Слово Бога и дорожу им. Когда я изучаю Божье Слово, я узнаю как правильно поступать.

«Слово Твое сокрыл я в сердце моем, чтобы не грешить против Тебя.»
(стих 11)

Я обдумываю всё, что я читаю в Слове Бога, чтобы знать как вести себя.

«О Твоих наставлениях размышляю и смотрю на Твои пути.»
(стих 15)

Я с радостью читаю Слово Божье и очень стараюсь жить так, как советует Бог.

«Буду радоваться Твоим установлениям, не забуду Твоего слова.»

(стих 16)

Дорогой Бог, помоги мне ясно увидеть мудрость Твоего Слова, Его глубокий смысл и чудесный замысел.

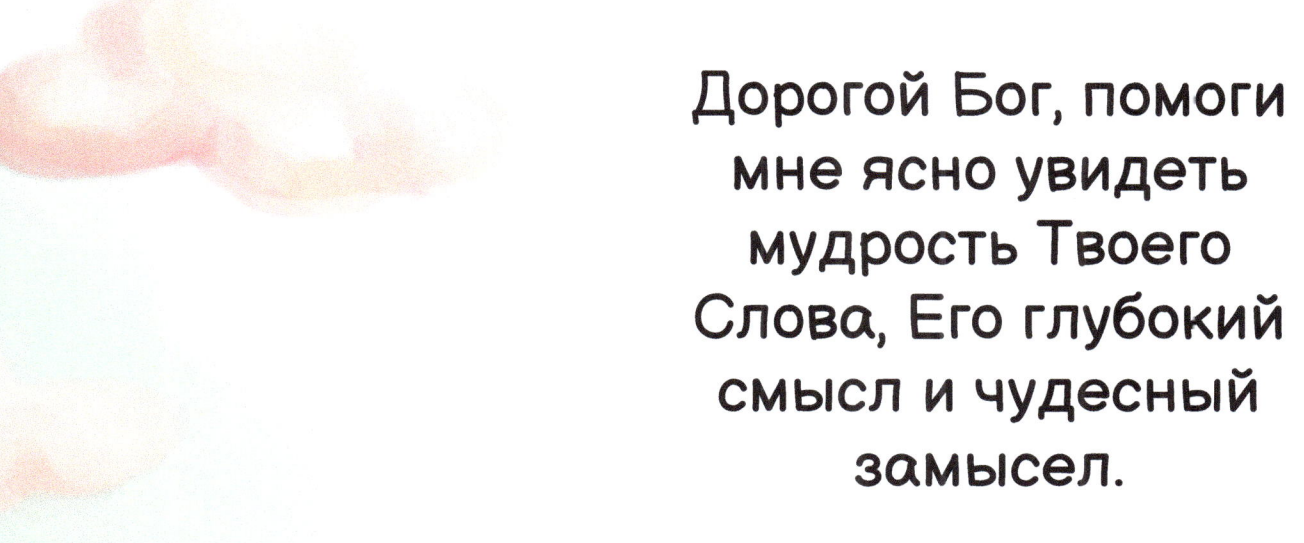

«Открой мне глаза, чтобы мне увидеть чудеса Закона Твоего.»

(стих 18)

В Слове Бога есть множество хороших советов. Они приносят мне радость и счастье.

«Твои заповеди — моя радость и мои советники.»

(стих 24)

Дорогой Бог, помоги мне понимать то, что я читаю в Твоём Слове, потому что я хочу как можно лучше все исполнять каждый день.

«Вразуми меня, и я буду соблюдать Твой Закон и хранить его всем своим сердцем.»

(стих 34)

Слово Бога помогает мне в первую очередь думать и заботиться о других.

«Обрати мое сердце к Твоим предписаниям, а не к доходам несправедливым.»

(стих 36)

Когда я непослушен, у меня случаются неприятности. Я извлекаю уроки из своих ошибок и внимательно следую советам Бога.

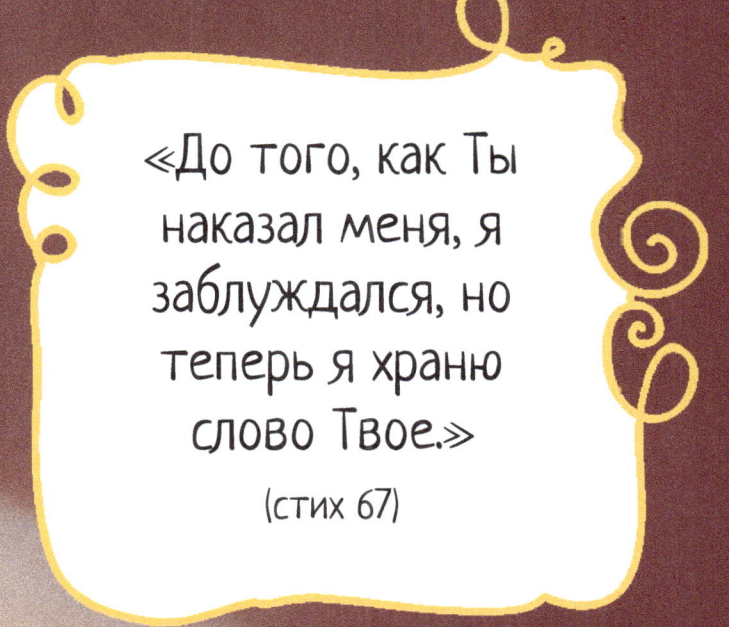

«До того, как Ты наказал меня, я заблуждался, но теперь я храню слово Твое.»

(стих 67)

Бог Вечный и Его Слово тоже Вечно. Я могу всегда доверять Ему и полагаться на Его Слово.

«Навеки, Господи, слово Твое утверждено на небесах.»
(стих 89)

Я люблю читать Библию! Я часто думаю о Слове Бога в течение дня.

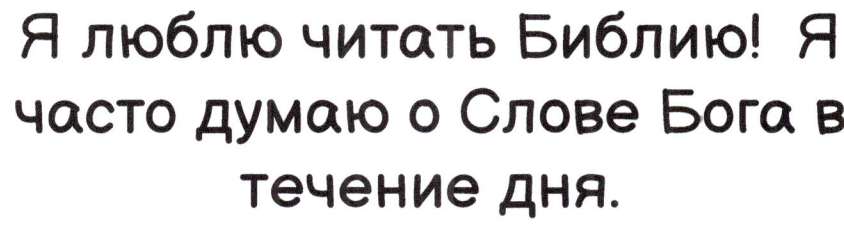

«О, как я люблю Твой Закон! Размышляю о нем весь день.»
(стих 97)

Слово Бога моя радость и моё утешение. Оно приятнее всех сладостей.

«Как сладки моему небу Твои слова! Слаще меда они моим устам.»
(стих 103)

Слово Бога как факел, который освещает мне путь. Он ярко светит и ведёт меня в правильном направлении.

«Твое слово — светильник для ног моих и свет, что освещает путь мой.»
(стих 105)

Когда я провожу много времени читая Слово Бога, я чувствую себя спокойно и ничто не сможет потревожить меня.

«Велик мир у любящих Твой Закон, и нет им преткновения.»
(стих 165)

Интересные Факты

Посмотрите на различные синонимы Слова Божьего в этой главе Библии.

Больше книг в этой серии:

Опубликовано iCharacter Ltd. (Ireland)
www.icharacter.org
Составлено Агнес де Безенак
Перевод: Наталия Феррейра
Авторское право 2020.

www.icharacter.org

Авторское право © 2020 iCharacter Ltd. Все права защищены. Никакая часть этой книги не может быть воспроизведена в любой форме или любым электронным или механическим способом, включая системы хранения и поиска информации, без письменного разрешения издателя или автора, за исключением случаев, когда рецензент может процитировать краткие отрывки, использованные в критических статьях или в рецензии.